RACIAL JUSTICE IN LATINX AMERICAN

What Is the DIFFERENCE BETWEEN LATINX, LATINO, and HISPANIC?

¿Cuál es la DIFERENCIA ENTRE SER LATINX, LATINO o HISPANO?

BRENDA PEREZ MENDOZA

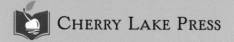
CHERRY LAKE PRESS

Published in the United States of America by Cherry Lake Publishing Group
Ann Arbor, Michigan
www.cherrylakepublishing.com

Reading Adviser: Beth Walker Gambro, MS, Ed., Reading Consultant, Yorkville, IL
Content Adviser: Carlos Hernández, PhD, Assistant Professor, Center for Latino/a and Latin American Studies, Wayne State University
Copyeditor: Lorena Villa Parkman
Book Design and Cover Art: Felicia Macheske

Photo Credits/Fotografías: page 6: © a katz/Shutterstock; page 14: © Pyty/Shutterstock; page 22: © Paulo Rocha/Shutterstock; page 26: © Paulo Rocha/Shutterstock; page 29: Jan Mitchell and Sons Collection, Gift of Jan Mitchell, 1991, Metropolitan Museum of Art; pages 32–33: George Tsiagalakis/Wikimedia Commons (CC BY 4.0); page 36: McConnell Map Co., Library of Congress Geography and Map Division; page 40: © Jonathan Weiss/Shutterstock; page 42: © Steve Sanchez Photos/Shutterstock

Cherry Lake Press is an imprint of Cherry Lake Publishing Group.

Library of Congress Cataloging-in-Publication Data has been filed and is available at catalog.loc.gov.

Cherry Lake Publishing Group would like to acknowledge the work of the Partnership for 21st Century Learning, a Network of Battelle for Kids. Please visit *http://www.battelleforkids.org/networks/p21* for more information.

Printed in the United States of America

Note from publisher: Websites change regularly, and their future contents are outside of our control. Supervise children when conducting any recommended online searches for extended learning opportunities.

Brenda Perez Mendoza, M.A. is an award-winning K-12 ELL specialist. She grew up a Spanish-speaker first. When she went to school, there wasn't enough support students learning the English language. That is what drove her to become an EL teacher and work with bilingual students. She works to help all students, Latinx especially, embrace their culture and celebrate who they are. Today, she lives in Chicago, Illinois, and is the mother of five beautiful and vibrant children.

Brenda Pérez Mendoza es una educadora y defensora de derechos galardonada. Creció en Cicero con el español como lengua materna. Cuando iba a la escuela, no había suficiente apoyo para los estudiantes que aprendían inglés. Eso la llevó a convertirse en una especialista en estudiantes de inglés (English Language Learners o ELL) de primaria y secundaria (K-12) y a trabajar con estudiantes bilingües. Trabaja defendiendo los derechos de todos los estudiantes, especialmente latinxs, integrando su cultura y celebrando quiénes son. Actualmente, vive en Chicago, Illinois; está comprometida con ofrecer a los estudiantes prácticas sensibles a la cultura de cada uno y a defender los derechos integrales del niño.

CHAPTER 1

What Is the Difference Between Latinx, Latino, and Hispanic?

Have you ever heard the word **ethnicity** before? Do you know what it means? A person's ethnicity is the cultural group he, she, or they belong to. It is different than race. People in an ethnic group have the same cultural traditions. Cultural traditions include beliefs and customs. They can include language and celebrations. For example, does your family celebrate Posadas? Do they like to eat arroz con gandules, arepas, or tortillas con carne asada? Does your family love rancheras or mariachi music? If they do, your family may be part of Latinx, Latino, or Hispanic culture. That may be your *ethnicity*.

CAPÍTULO 1

¿Cuál es la diferencia entre latinx, latino/a e hispano/a?

¿Alguna vez has escuchado la palabra **etnicidad**? ¿Sabes qué significa? La etnicidad hace referencia al grupo cultural al que pertenece una persona. Es diferente a la raza. Las personas de un grupo étnico tienen las mismas tradiciones culturales. Por ejemplo, ¿tu familia celebra Las Posadas? ¿Les gusta comer arroz con gandules, arepas o tortillas con carne asada? ¿A tu familia le encanta la música ranchera o de mariachi? Sí respondiste que sí, puede ser que tu familia pertenezca a la cultura latinx, latina o hispana. Entonces, esta podría ser tu etnicidad.

Have you ever wondered why people use words like Latinx, Latino, or Hispanic? Why are there different terms for the same group? *Are* they the same group? Being called Latinx, Latino, or Hispanic has been a source of **controversy**. Many people use these terms to mean the same thing. Some members of the Latino community prefer one term over another.

This book asks the question, *what is the difference between Latinx, Latino, and Hispanic*? To understand what these terms mean, we first need to talk about ethnicity. Then, we need to explore each word and its background.

¿Alguna vez te has preguntado por qué la gente usa palabras como latinx, latino o hispano? ¿Por qué hay distintos términos para el mismo grupo? ¿De verdad son el mismo grupo? Ser llamado latinx, latino o hispano es fuente de **controversia**. Mucha gente usa estos términos indistintamente, pero algunos miembros de la comunidad latina prefieren un palabra sobre la otra.

Este libro hace la pregunta ¿Cuál es la diferencia entre latinx, latino e hispano? Para entender lo que significan estos términos, necesitamos explorar cada palabra y su significado.

◀ People gather in New York to celebrate Dominican Day and their shared culture.

◀ Asistentes se reúnen en la ciudad de Nueva York para celebrar el desfile del Día Dominicano.

Hispanic culture is made up of many different people. Depending on who you ask, someone might say, "I'm Latino." Someone else might say, "I'm Hispanic." Still, others might describe themselves as Latina or Latinx. You might see these words on signs. You might see them in the names of organizations or groups. For example, the National Association of Latino Arts and Culture. In the United States Congress, there is a group called the Congressional Hispanic Caucus. A caucus is a group that votes together.

What Is a Gendered Language?

Languages are systems. They have grammar. They have parts of speech. Nouns are a part of speech. In gendered languages, the system assigns a gender to nouns. That means the nouns are **masculine or feminine**. The Spanish language is an example. The words *el* and *un* are used with masculine nouns: *el sol* (the sun). The words *la* and *una* are used with feminine nouns: *la mesa* (the table).

Describing words, or adjectives, can also be gendered. Some Spanish adjectives change depending on the gender of the noun. *Americana* or *americano* are examples. So are *latino* and *latina*. In Spanish, ethnic labels like these are not capitalized.

La cultura hispana se conforma de muchos tipos distintos de personas. Dependiendo a quién le preguntes, alguien podrá decir "soy latino". Alguien más podría decir "soy hispano". Aún así, otros podrán describirse a sí mismos como latinas o latinx. Podrás identificar estas palabras en anuncios. Puedes verlos en nombres de organizaciones o grupos. Por ejemplo, en la Asociación Nacional de Artes y Culturas Latinas. En el Congreso de Estados Unidos hay un grupo de personas que conforman el Caucus Hispano del congreso. Un caucus es un comité cuyos miembros votan en conjunto.

¿Qué es un lenguaje con sesgo de género?

Los lenguajes son sistemas. Tienen gramática y partes que conforman el habla. Los sustantivos son partes del habla. En los lenguajes con sesgo de género, el sistema asigna género a los sustantivos. Esto significa que los sustantivos pueden ser **masculinos** o **femeninos**. El idioma español es uno de estos lenguajes. Las palabras "el" y "un" se usan con sustantivos masculinos como el "sol". Las palabras "La" y "una" se usan con sustantivos femeninos como la "mesa".

Las palabras descriptivas, o adjetivos, también pueden tener sesgo de género. Algunos adjetivos en español cambian dependiendo el género del sustantivo. Americana o americano es un ejemplo. Latino o latina es otro. Las etiquetas étnicas como estas se escriben con mayúscula en inglés.

The words are used to refer to groups that share something in common. Hispanic often describes people who are from or whose families are from any Spanish-speaking country. Latine, Latino, or Latina usually describes people who are from or whose families are from countries in Latin America.

Latinx is a newer term. It is used to try to be more **inclusive**. It is not gendered like Latino, which is used for men, boys, and mixed groups, or Latina, which is used for women and girls. Latinx recognizes more gender identities, not just two. In this way, is it meant to be a word that is used to include more people than the other terms. The word Latine is also used in this way.

How did such different words come to be used? Geography and history can help us find out.

Estas palabras se usan para referirse a grupos que comparten algo en común. Hispano usualmente describe a las personas cuyos familiares o ellos mismos provienen de algún país en donde se habla español. Latine, latinx o latina usualmente se usan para describir a las personas cuyos familiares o ellos mismos son de algún país de América Latina.

Latinx es un término nuevo. Se usa para tratar de ser más **inclusivos**. Esta palabra no hace alusión a un género como lo hace el término latino, el cual se usa para hombres, niños o grupos mixtos, o latina, usado para referirse a mujeres y niñas. Latinx reconoce que hay más identidades de género, no solo dos. De esta manera, pretende ser una palabra que se usa para incluir a más personas. La palabra latine se usa de la misma manera que latinx.

¿Cómo es que se empezaron a usar tantas palabras tan distintas? Tanto la geografía como la historia nos pueden ayudar a encontrar una respuesta.

CHAPTER 2

What Is Latin America?

To understand the terms used to describe culture, we can explore the places where that culture emerged. Latin America is typically defined as places in the Western Hemisphere that speak a Latinate language. These are the languages that grew out of Latin, the language of ancient Rome. Spanish, Portuguese, Italian, and French are all Romance languages.

The Roman Empire included much of Europe. Romans spoke Latin. The Latin language spread throughout the empire. It was an important part of people's civic and religious lives. That is why languages that developed from Latin are called Romance languages.

CAPÍTULO 2

¿Qué es América Latina?

Para entender los términos que se usan para describir una cultura, podemos explorar los espacios donde surgió la cultura. América Latina se define usualmente como los lugares en el **hemisferio occidental** que hablan un idioma proveniente del latín, el idioma de la antigua Roma. Estos pueden ser el español, portugués, italiano, rumano y francés. Todos estos idiomas provienen del latín y se les llama también lenguas romances. El español, portugués, italiano y francés son todos lenguas romances.

El Imperio Romano incluía gran parte de Europa. Los romanos hablaban latín. La lengua latina se extendió por todo el imperio. Era una parte importante de la vida cívica y religiosa de las personas. Es por eso que las lenguas que se desarrollaron a partir del latín se llaman lenguas romances.

When people talk about Latin America, they may think all Central and South American countries speak Spanish or Portuguese. They may think all Caribbean countries speak Spanish, too. Maybe they know there are some French-speaking places. But many do not realize how many different languages exist in the Western Hemisphere.

UNITED STATES

MEXICO

BAHAMAS

Turks and Caicos Islands (United Kingdom)

CUBA

Cayman Islands (United Kingdom)

PUERTO RICO (United States)

British Virgin Islands (United Kingdom)
U.S. Virgin Islands (United States)
ANGUILLA (United Kingdom)
SAINT MARTIN (France)
SAINT BARTHÉLEMY (France)
SINT MAARTEN (Netherlands)
ANTIGUA AND BARBUDA (United Kingdom)
MONSERRAT (United Kingdom)
GUADELOUPE (France)
MARTINIQUE (France)
SAINT LUCIA
BARBADOS
SAINT VINCENT AND THE GRENADINES
GRENADA

HAITI

BELIZE

JAMAICA

DOMINICAN REPUBLIC

SAINT KITTS AND NEVIS

DOMINICA

GUATEMALA
HONDURAS
EL SALVADOR   NICARAGUA

Aruba (Netherlands)
Curacao (Netherlands)
Bonaire (Netherlands)

COSTA RICA

PANAMA

VENEZUELA

TRINIDAD AND TOBAGO

GALÁPAGOS ISLANDS (ECUADOR)

COLOMBIA

GUYANA

SURINAME

FRENCH GUAYANA (France)

ECUADOR

PERU

BRAZIL

BOLIVIA

PARAGUAY

URUGUAY

ARGENTINA

CHILE

Spanish

Portuguese

French

14

Cuando las personas hablan de América Latina, tal vez piensen solo en los países de Centro y Sudamérica que hablan español o portugués. Pueden pensar que todos los países del Caribe hablan español. Tal vez sepan que hay algunos en donde se habla el francés. Pero muchos no se dan cuenta de cuántos idiomas existen en el hemisferio occidental.

◀ Look at the map. The places highlighted have at least one official Latinate language. What do you notice?

◀ Mira el mapa. Los lugares remarcados tienen por lo menos un idioma oficial que proviene del latín. ¿Qué notas?

Even in countries that speak a Romance language, they may have other official languages, too. An official language is a language recognized by the country's government. Countries like Mexico, Paraguay, Bolivia, and Peru recognize Indigenous languages alongside Spanish. Indigenous means native to the land. Indigenous languages are those spoken by the earliest peoples living in a place. Nahuatl, the language of the Aztecs, is one such language. Quechua is another. Even if not official, most countries have many languages spoken within their borders. Colombia alone has over 60 regional Indigenous languages!

What other European languages are spoken? English is the official language in Jamaica, Belize, and Guyana. Dutch is spoken in Suriname, Aruba, Curaçao, Saint Martin, and other places.

Incluso en países donde se habla un idioma proveniente del latín, pueden haber otros idiomas oficiales. Un idioma oficial es un lenguaje reconocido por el gobierno del país. Países como México, Paraguay, Bolivia y Perú reconocen idiomas indígenas además del español. Índigena significa nativo de esta tierra. Las lenguas indígenas son aquellas que hablan las personas originarias de un lugar. El náhuatl, el idioma de los aztecas, es uno de ellos. El quechua, es otro. Incluso cuando no son reconocidos de manera oficial, en varios países se hablan muchos idiomas dentro de sus fronteras. Colombia por sí solo tiene más de 60 idiomas indigenas regionales.

¿Cuáles otros idiomas europeos se hablan? El inglés es el idioma oficial en Jamaica, Belize y Guyana. El holandés se habla en Suriname, Aruba, Curazao y San Martín, entre otros países.

Language isn't the only cultural difference. Foods, traditions, holidays, and religious practices can all be very different. Still, the people in these regions have many things in common. One of those things is a shared history of **colonization** and, for most, eventual independence.

Make It Official?

Right now, the United States does not have an official language. English is the national language. There are "English-only" movements to make English the official language. Others want both English and Spanish to be recognized as official. Nearly 42 million people in the United States speak Spanish at home. It is the second most spoken language in the United States. Millions more people speak Spanish in addition to their home language. Every year, millions of people in the United States learn Spanish in school.

Around the world, Spanish has the second largest number of native speakers in the world. Mandarin is the first. Efforts to make Spanish another official language of the United States have not been successful.

El idioma no es la única diferencia cultural. Los alimentos, tradiciones, días festivos y prácticas religiosas pueden ser muy distintos. Aún así, las personas de estas regiones tienen varias cosas en común. Una de esta cosas es una historia compartida de **colonización**, y para la mayoría, de una eventual independencia.

¿Que sea oficial?

Hoy en día, en Estados Unidos no existe un idioma oficial. El inglés es nuestro idioma nacional. Hay movimientos de "solo inglés" que han tratado de hacer de este idioma el oficial. Otros quieren que sea tanto el inglés cómo el español. Cerca de 42 millones de personas en Estados Unidos hablan español en su casa. Es el segundo idioma más hablado en este país. Millones de personas hablan español además de su idioma madre. Cada año, millones de personas en Estados Unidos aprenden español en la escuela.

Alrededor del mundo, el español es el segudo idioma más hablado por personas que lo consideran su lengua madre. El chino mandarín es el idioma que más personas consideran su lengua madre. Los esfuerzos por hacer del español otro idioma oficial en los Estados Unidos no han sido exitosos.

CHAPTER 3

What Is the History of Latin America?

Six hundred years ago, the Americas looked very different than they do today. Throughout the Western Hemisphere, there were numerous Indigenous peoples. Indigenous peoples are groups and nations whose **ancestors** lived on the land first. Many Indigenous people lived in the Americas. They had their own languages and customs. They had their own political systems.

¿Cuál es la historia de América Latina?

Hace 600 años, las Américas se veían muy diferentes a como se ven hoy. A lo largo y ancho del hemisferio vivían numerosos grupos indígenas. Las personas indígenas son grupos o naciones cuyos **ancestros** vivían en esta tierra desde siempre. En las Américas vivían muchas personas indígenas. Tenían sus propios idiomas y costumbres. También tenían sus propios sistemas políticos.

During this time, the rulers of European countries were in a race. It was a race for money and power. It was also a race to spread culture. The rulers of Spain were King Ferdinand and Queen Isabella. King Ferdinand and Queen Isabella wanted Spain to be more powerful. They also wanted to spread Catholicism. The Spanish rulers were called the Catholic Kings of Spain.

European rulers paid explorers to sail to faraway places. The explorers wanted to control trade routes. They wanted to find gold, spices, and other things that would make them and their rulers richer. They started setting up colonies. They claimed land for their country. Money and power came from land ownership.

Durante este tiempo, los gobernantes de los países europeos se encontraban en una carrera por obtener dinero y poder. También era una carrera por esparcir su cultura. Los gobernantes de España en ese tiempo eran el Rey Fernando y la Reina Isabel. Los reyes querían que España fuera una nación más poderosa. También querían diseminar el catolicismo. Los reyes españoles fueron llamados los Reyes Católicos de España.

Los gobernantes europeos pagaban a exploradores para que navegaran a tierras lejanas. Los exploradores querían controlar las rutas del truque y comercio. Querían encontrar oro, especias y otras cosas que los hicieran más ricos a ellos y a sus reyes. Comenzaron a asentar colonias. Declararon que ciertas tierras eran ahora de sus países. El dinero y el poder venían desde ese entonces en forma de la posesión de nuevas tierras.

◀ Portuguese caravels, like this replica, allowed Europeans to make long ocean voyages.

◀ Las carabelas portuguesas como la de la réplica en la foto permitieron a los europeos realizar largos viajes a través de los océanos.

Christopher Columbus thought he could sail across the Atlantic Ocean to get to India. India was important for European trade. Europeans wanted Indian silks, spices, and tea, among other things. Many people knew Earth was too big. Columbus would never make it. The King and Queen of Spain told him no three times. He asked other rulers. They all told him no.

But King Ferdinand and Queen Isabella did not want to lose the race.

Portuguese explorers were already sailing up and down the African coast. Portugal had gotten rich by raiding Africa for captives and any valuable resources they could find. The king and queen eventually said yes to Columbus. In 1492, Columbus sailed west. He did not make it to India, although he thought he did. Instead, he had sailed to the Caribbean Islands. The Taíno people lived on islands throughout the Caribbean. These islands included Puerto Rico, Hispanola, and Cuba. Columbus called the Taíno "Indians." He and his crew used force and enslaved some of them. He brought them back to Spain.

Cristobal Colón pensó que podía navegar a través del Océano Atlántico para llegar a la India. India era importante para el comercio europeo. Los europeos querían sedas indias, especias y té, entre otras cosas. Muchas personas sabían que la Tierra era más grande de lo que se conocía y creían que jamás lo lograría. El Rey y la Reina de España le dijeron tres veces que no finaciarían su viaje. Le pidió apoyo a otros gobernantes y todos le dijeron que no.

Pero el Rey Fernando y la Reina Isabel no querían perder la carrera.

Los exploradores portugueses ya navegaban arriba y abajo de la costa africana. Portugal se había enriquecido al atacar África en busca de cautivos y cualquier recurso valioso que pudieran encontrar. El rey y la reina eventualmente dijeron que sí a Colón. En 1492, Colón navego hacia el oeste. No llegó a la India, aunque eso pensó en ese momento. En su lugar, llegó a las islas del Caribe. Los taínos vivían en varias islas a lo largo del Caribe. Estas islas incluían a Puerto Rico, Hispanola y Cuba. Colón los llamó indios y él y su tripulación los esclavizaron usando la fuerza para llevarlos de regreso a España.

Europeans realized that Columbus had landed on a completely different continent. They called it America. Indigenous peoples have always had their own names for the land. Europeans ignored that.

Spain sent more ships. They sent soldiers. Their soldiers built forts. They enslaved more people. Other European countries started sailing west, too. A Portuguese explorer landed in what is now Brazil. He was trying to get to South Africa. The Portuguese claimed this part of South America and colonized it.

Los europeos se dieron cuenta que Colón había navegado a un continente completamente nuevo para ellos. Lo llamaron América. Las personas indígenas de ese territorio siempre habían tenido nombres específicos para sus tierras. A los europeos no les importó.

España envió más barcos. Envió soldados. Construyeron fuertes. Esclavizaron a más habitantes. Otros países europeos también navegaron hacia el occidenta. Un explorador portugués navegó a lo que ahora es Brasil. Estaba tratando de llegar a Sudáfrica. Los portugueses colonizaron así parte de América Latina.

◀ Colonial forts and cannons like these in Panama can still be found throughout the Americas today.

◀ Los fuertes y cañones coloniales como los de Panamá aún pueden encontrarse en varios lugares de las Américas.

Spanish soldiers and military leaders began invading Indigenous lands. Many of these leaders were called conquistadors. Their goal was to conquer, which means to take control by force. They brought armies. They brought weapons. They spent the next hundred years invading, colonizing, and enslaving Indigenous peoples.

Europeans used Indigenous and enslaved African labor to harvest or mine valuable goods such as gold, sugar, spices, and wood. They shipped these goods back to Europe.

Often, Europeans used existing rivalries against Indigenous peoples. Europeans would ally themselves with one group to fight another.

Incan artifacts like these gold ear ornaments help people learn what life was like before Spanish conquest. ▶

Artefactos incas como estos aretes nos ayudan a conocer cómo era la vida antes de la conquista española. ▶

Los soldados españoles y los líderes militares empezaron a invadir territorios indígenas. A muchos de estos líderes se les llamaba conquistadores. Su meta era conquistar, lo que significaba que tomarían el control por la fuerza. Trajeron ejércitos y armas. Y pasaron los siguientes 100 años invadiendo, colonizando y esclavizando a la población indígena. Los europeos utilizaron mano de obra indígena y africana esclavizada para cosechar o extraer bienes valiosos como oro, azúcar, especias y madera. Enviaron estos productos de regreso a Europa.

A menudo, los europeos utilizaron las rivalidades existentes contra los pueblos indígenas. Los europeos se aliarían con un grupo para luchar contra otro.

Portugal sent its own conquistadors. They were called *bandeirantes*. The Dutch, English, and French were not called conquistadors. But they still conquered land with force. They still enslaved the peoples they colonized. They began moving enslaved peoples from one colonized area to another.

In fact, European countries, and the Russian Empire, were doing this all over the world.

Turning Points

The defeat of the Aztec and Incan Empires were turning points in history. Two conquistadors are remembered for their roles in these conquests.

Hernán Cortés was a Spanish property owner. He led an invasion into what is now Mexico. In 1521, Cortés and his troops brought down México-Tenochtitlán, the capital of the Aztec Empire.

In 1532 and 1533, Francisco Pizarro, another conquistador, invaded the Inca Empire in Peru. Three of his brothers were with him. It took around 40 years for the Spanish to conquer the Incas. Spanish military leaders fought amongst themselves during this time. They wanted power for themselves.

Portugal envió a sus propios conquistadores. Se les llamaba *bandeirantes*. Los holandeses, ingleses y franceses no se hicieron llamar conquistadores. Pero aún así se hicieron de tierras a la fuerza. Esclavizaron a las personas que colonizaron y comenzaron a mover a las personas esclavizadas de un áerea colonizada a otra.

De hecho, los países europeos y el imperio Ruso hicieron esto por todo el mundo.

Momentos cruciales

La derrota de los imperios azteca e inca fueron momentos cruciales en la historia. Dos conquistadores son recordados hasta la fecha debido a su rol en estas conquistas.

Hernán Cortés fue una propiedad español. Él lideró la invasión a lo que es hoy en día México. En 1521, Cortés y sus topas tomaron México-Tenochtitlán, la capital del imperio azteca.

En 1532 y 1533, Francisco Pizarro, otro conquistador, invadió el imperio inca en Perú. Tres de sus hermanos se encontraban con él. A los españoles les tómo cerca de 40 años conquistar a los incas. Los líderes militares españoles pelearon entre ellos durante este tiempo. Todos querían el poder para sí mismos.

Over 200 years later, their colonies circled the globe. What do you notice about this map and the language map in Chapter 2?

European Colonies

1800

Legend:
- Great Britain
- France
- Portugal
- Spain
- Dutch Colonial Empire
- Russian Empire

Más de 200 años después, sus colonias se encontraban en todo el mundo. ¿Qué notas en este mapa y en el mapa de los idiomas del capítulo 2?

Colonias Europeas

CHAPTER 4

What Is the History of the Words Latinx, Latino, and Hispanic?

Today, people from Latin America and other countries in Central and South America and the Caribbean are often lumped in together. But their histories and languages set them apart. Each European power treated their colonies differently. There were different laws and government systems. And the people in each place resisted and survived in their own ways.

CAPÍTULO 4

¿Cuál es la historia de las palabras latinx, latino e hispano?

Hoy en día, las persona de América Latina y otros países de Centro y Sudamérica y el caribe suelen ser agrupados sin distinción. Pero sus historias e idiomas los hace distintos. Cada poder europeo trató a sus colonias de manera distinta. Hubieron diferentes leyes y sistemas de gobierno Y las personas en cada lugar se resisiteron y sobrevivieron a su manera.

The United States was formed during this same period. It grew from British colonization. It has its own history of oppressing Indigenous peoples and peoples of African descent. Much of its growth came from immigration. Over time, people from Latin America became part of this country. Many spoke the same language. Many more shared cultural traditions. Some Hispanic people such as Tejanos and Californos have lived in what is now the United States longer than the country has existed. Others **immigrated**.

Estados Unidos se formó durante ese mismo periodo. Creció a partir de la colonización británica. Tiene su propia historia de opresión hacia sus grupos indígenas y gente de ascendencia africana. Mucho de su crecimiento se debió a la inmigración. Con el paso del tiempo, las personas de España y de América Latina se convirtieron en parte de este país. Muchos hablan el mismo idioma. Muchos más comparten tradiciones culturales. Algunas personas hispanas como los tejanos y los californos han vivido en lo que ahora es Estados Unidos por más tiempo de lo que este país ha existido. Otras han **emigrado**.

◀ Before the Mexican-American War (1846-1848), much of what is now the United States was once part of Mexico. Hispanic people have lived there since the 1500s.

◀ Antes de la guerra México Americana (1846-1848), gran parte de lo que es hoy en día Estados Unidos era México. Los hispanos han vivido ahí desde antes de la conquista.

Within the United States, Latinx people built a community. They shared their cultural heritage. Latinx people also came together to bring change. They faced and face many of the same **biases**. They became a powerful cultural group in the country. But they didn't name themselves.

The word Latino comes from a shortened form of the term Latin America. Latine, Latino, or Latina describes a person with direct ancestors from Latin America. The word Latino was added to Meriam Webster's dictionary in 1946. It was used to describe people from Latin America and was not a word created by the people from Latin America. People that are directly from Latin America tend to identify as Mexican if they are from Mexico, Colombian if they are from Colombia, Ecuadorian if they are from Ecuador, and so on.

Author's Note

In this book, the word Latinx is used throughout. It was chosen not to leave anyone out. However you identify, this book and this series are for you. Everyone deserves to be seen. Everyone deserves to have their story told.

Dentro de los Estados Unidos, las personas latinx han construido una comunidad. Comparten su herencia cultural. Las personas latinx también han traído cambios consigo. Se han enfrentado, y aún enfrentan, a muchos de los mismos **prejuicios**. Se han convertido en un grupo cultural poderoso en este país. Pero no se nombraron a sí mismos.

La palabra latino viene de una versión abreviada de América Latina. Latine, latino o latina describe a una persona con antepasados directos de América Latina. La palabra "latino" se agregó por primera vez en 1946 al diccionario Webster. Se usó para describir a personas de América Latina y no fue una palabra creada por personas de este territorio. Las personas que son directamente de esta región tienden a identificarse como mexicanas si son de México, colombianos si son de Colombia, ecuatorianos si son de Ecuador y así.

Nota del autor

En este libro se usa la palabra latinx. Se hizo una decisión consciente de no dejar a nadie fuera de este texto. No importa cómo te identifiques, este libro es para tí. Todos merecen ser vistos y escuchados. Todos merecen contar sus historias.

The United States government started using the term Hispanic in 1970. Hispanic describes a person that comes from a Spanish-speaking country or has direct ancestors from Spain. The word Hispanic comes from the Latin word for "Spanish." The Romans first used the word Hispanicus.

The United States has something called the census. The census is used to count every resident in the country. The United States Constitution requires this count every 10 years. The census doesn't just count people. It also collects information about the people. At first, it counted a person's race, their job, where they were born, and where their parents were born. The census workers chose what race they thought a person was.

El gobierno de los Estados Unidos empezó a usar el término "hispano" en 1970. Hispano describe a la persona que proviene de un país en donde se habla español o que tiene ancestros de España. La palabra "hispano" proviene de la palabra latina para definir a los españoles. Los romanos fueron los primeros en usar la palabra "hispanicus".

Estados Unidos tiene un proceso llamado censo. El censo se usa para contar a todos los residentes de Estados Unidos. La constitución específica que este conteo se debe realizar cada 10 años. El censo además de contar personas, recolecta información sobre las personas. En sus inicios, registraba la raza de las personas, su trabajo, dónde habían nacido y quiénes eran sus padres. Los trabajadores del censo elegían qué raza era la persona que entrevistaban, de acuerdo a lo que ellos creían.

◀ A census of the U.S. population has been taken every 10 years since 1790. The U.S. Census Bureau was formed in 1902 to process the huge amount of data collected.

◀ Cada 10 años desde 1790 se ha realizado un censo de la población de Estados Unidos. La Oficina del Censo se formó en 1902 para poder procesar la enorme cantidad de información que se recolecta durante el censo.

Later, ethnicities were added to the census. People were also allowed to identify their own race and ethnicity. There still wasn't an area on the census to collect information about people of Latin American **descent**. Many individuals wanted to self-identify. The Census Bureau decided in 1970 that it would add the word Hispanic as an option.

The League of United Latin American Citizens (also known as LULAC) decided to use the word Latino instead of Hispanic in 2021. It was perceived to be the more popular term.

Después, se agregaron las etnicidades al censo. Con eso se permitió que las personas identificaran su propia raza y etnicidad. Aún así no había una sección en el censo en donde se recolectara la información sobre las personas de ascendencia de América Latina. Muchos individuos se querían auto identificar así que la Oficina del Censo decidió en 1970 que agregaría la palabra "hispano" como una opción de identificación.

La Liga de Ciudadanos Latino Americanos Unidos, también conocida como LULAC, decidió en 2021 que solo usarían la palabra latino porque es el término más común utilizado por personas de ascendencia latina.

◀ 62.6 million people identified as Hispanic on the 2020 U.S. Census. That is 18.9% of the U.S. population.

◀ 62.6 millones de personas se identificaron como hispanos en el censo de 2020. Esa cantidad equivale al 18.9% de la población de Estados Unidos.

It is unclear who created the term Latinx. It started being used among members of the LGBTQ+ community of Latin American descent in the United States. LGBTQ+ is a term used to refer to people of different sexual orientations or gender identities. The term Latinx grew in popularity and began to show up online in the early 2000s.

So which word is the correct term to identify people who descend from peoples of Latin America? The truth is that there is no right answer. It really depends on the individuals and the community. People may have strong feelings about which term is best. They may feel one term better describes who they are than another.

People can choose for themselves.

No está claro quién creó la palabra "latinx", sin embargo, se empezó a usar entre miembros de la comunidad LGBTQ+ de ascendencia latinoamericana en Estados Unidos. LGBTQ+ es un término que se utiliza para describir a las personas de distintas identidades de género y orientaciones sexuales. El término latinx creció en popularidad y empezó a aparecer en linea a principios de los años 2000.

Así qué ¿cuál es el término correcto para identificar a las personas con ascendencia de algún país de América Latina? La verdad es que no hay una respuesta correcta. Depende mucho de los individuos y de la comunidad. Algunas personas pueden tener sentimientos fuertes sobre cuál término es el mejor. Pueden sentir que uno en particular es el que los describe y explica quiénes son.

Dejemos que las persona elijan por sí mismas.

WE GROW TOGETHER

Many members of the Latinx, Latino, and Hispanic groups give back to their communities in different ways. Work with an adult to look at different Latinx community groups in your area. They may be professional organizations. They may provide services. Choose one to learn more about. Find out the following:

- What is the organization's name?
- What is their mission?
- What do they do?
- Do they use the terms Latinx, Latino, or Hispanic?
- What does the word mean to them?

Share what you learned. Make an ad for the group or a poster display. You may also wish to work with an adult to invite a member of the organization to speak at your school.

Communities grow strong when everyone lifts each other up. Who will you lift up today?

CRECEMOS JUNTOS

Muchos miembros de grupos latinx, latinos e hispanos ayudan a sus comunidades de diferentes maneras. Trabaja con un adulto para buscar diferentes grupos comunitarios latinos en donde vives. Pueden ser organizaciones profesionales. Pueden proporcionar servicios. Elige uno para obtener más información sobre él. Averigua la siguiente información:

- ¿Cuál es el nombre de la organización?
- ¿Cuál es su misión?
- ¿Qué hacen?
- ¿Usan latinx, latino o hispano?
- ¿Qué significa para ellos la palabra que eligieron para identificar al grupo de personas que ayudan?

Comparte lo que aprendiste. Haz un anuncio o cartel para ese grupo o una exhibición de carteles. También puedes pedir la ayuda de un adulto para invitar a un miembro de la organización a hablar en tu escuela.

Las comunidades se fortalecen cuando todos se ayudan mutuamente. ¿A quién ayudarás hoy?

EXTEND YOUR LEARNING

Books

Alma Flor Ada; Campoy, F. Isabel. *Yes! We Are Latinos: Poems and Prose*. Watertown, MA: Charlesbridge, 2016.

Wing, Kelisa. *How Can I Be an Ally? Racial Justice in America*. Ann Arbor, MI: Cherry Lake Press, 2021.

Websites

With an adult, learn more online with these suggested searches.

"Hispanic Americans." Britannica Kids.

"Latin American Facts for Kids." Kiddle.

GLOSSARY

ancestors (AN-seh-sterz) family members from long ago

biases (BYE-uhs-ez) unfair ideas about people or ideas

colonization (kah-luh-nuh-ZAY-shuhn) the act of one country taking over another country or area through force, usually with attempts to erase the culture that was there first

controversy (KAHN-truh-ver-see) a large debate where people have different opinions and feel strongly about them

descent (di-SENT) ones direct line of family members from the past

ethnicity (ETH-ni-si-tee) large groups of people who share cultural traditions or backgrounds

feminine (FEM-uh-nin) related to females

immigrated (IM-uh-gray-tuhd) moved to a new country from somewhere else in the world

inclusive (in-KLOO-siv) including everything or everyone

masculine (MAS-kyoo-lin) related to males

Western Hemisphere (WEST-ern HEM-uhs-fear) the half of the earth that includes North America, Central American, South America and the islands and waters that surround them

INDEX

EXPANDE TU APRENDIZAJE

Libros

Alma Flor Ada; Campoy, F. Isabel. *Yes! We Are Latinos: Poems and Prose*. Watertown, MA: Charlesbridge, 2016.

Wing, Kelisa. *How Can I Be an Ally? Racial Justice in America*. Ann Arbor, MI: Cherry Lake Press, 2021.

Sitios web

Junto con un adulto, aprende más en línea con estas búsquedas sugeridas.

"Hispanic Americans." Britannica Kids.

"Latin American Facts for Kids." Kiddle.

GLOSARIO

ancestros miembros de una familia en tiempos remotos

prejuicios ideas injustas acerca de personas u otras ideas

colonización acción por parte de un país de tomar por la fuerza el control de otro país o territorio, a menudo con el intento de borrar los rastros de la cultura local

controversia debate de grandes proporciones en el que las personas tienen opiniones diferentes y fuertes

descendencia línea directa de los miembros de una familia en el pasado

etnicidad grandes grupos de personas que comparten tradiciones o antecedentes culturales

femenino relativo a las mujeres

inmigrado que se ha mudado a un nuevo país desde otro lugar del mundo

inclusivo que incluye todo o a todos

masculino relativo a los hombres

hemisferio occidental mitad de la tierra que incluye América del Norte, América Central, América del Sur y las islas y masas de agua que las rodean

INDICE